Witzebuch de

– Eine Explosion an Lachern für Schüler, Studenten,
Physiker und andere Wissenschaftler
und alle Menschen die Spaß und Witze lieben

Deayoh Issolstich

Inhaltsverzeichnis

Kapitel 1: Zufällig verteilte Witzteilchen mit hoher Entropie

Ein Physiker hat sich einen Vogel als Haustier zugelegt. Leider ist er sich nie ganz sicher, ob es ein Wellensittich oder ein Teilchensittich ist!

✳✳✳

Zwei Physiker gehen in ein italienisches Restaurant, kurz darauf explodiert der gesamte Stadtblock. Was ist passiert? Sie haben gleichzeitig Antipasti und Pasti bestellt!

✳✳✳

Einsteins Freundin lief zu ihm rüber und rief „Ich will nur zwei Dinge von dir… Raum und Zeit!"
Er blickte sie fragend an und sagte „Und was ist das zweite Ding?"

***

Newton, Einstein und Pascal beim Versteckspielen im Himmel:

Einstein fängt an zu zählen, Pascal rennt gleich weg und versteckt sich, aber Newton überlegt kurz, nimmt ein Stück Kreide und malt um sich herum einen Kreis mit einem Flächeninhalt von genau 1 Quadratmeter.

Einstein ist fertig mit Zählen und entdeckt ihn sofort: „Newton, ich hab dich gefunden! Du bist dran!"
Newton daraufhin: „Stimmt gar nicht! Pascal ist dran! Ich bin nämlich gar nicht Newton, ich bin ein Newton pro Quadratmeter, und damit bin ich ein Pascal!"

***

Warum sind die Astrophysik-Studenten nach der heutigen Vorlesung so traurig? Schwerkraft zieht einen immer so runter!

***

Sagt der eine Physiker resigniert zum anderen: „Ich trage eine UV-Schutzbrille, und meine Freundin eine IR-Laserschutzbrille…. Wir sind einfach nicht auf derselben Wellenlänge!"

***

Wie groß ist das Volumen an Gras, das ein Rind auf der Wiese frisst wenn es seinen Kopf um genau einen Meter nach unten beugen kann?
Na, exakt ein Kuhbückmeter natürlich!

***

Newtons drittes Gesetz der Emotion: Für jede männliche Reaktion gibt es eine weibliche Überreaktion

***

Ich habe das Barometer endgültig weggeworfen... Ich konnte den Druck einfach nicht mehr ertragen!

***

Ich arbeite für die größte Nanotechnologiefirma der Welt! ...Du siehst, wir sind nicht besonders gut

***

Mein Laborassistent hat letztens eine Maschine erfunden um Ideen aus dem Gedächtnis einer Person auszulesen und dann permanent daraus zu löschen.
Warum habe ich bloß nicht an so was gedacht?

***

Die Erde rotiert äquatorial mit 1666 Kilometern pro

Stunde, aber die Menschen auf ihrer Oberfläche spüren davon überhaupt nichts.... Bis sie das neunte oder zehnte Bier intus haben!

***

Ein Tachyon kommt in eine Bar
Der Barman sagt „Wir bedienen hier keine Tachyonen!"
Das Tachyon erwidert: „Aber morgen schon"

***

Meint der tollpatschige Physiker: „Ich bin gar nicht ungeschickt, ich bin nur vorsichtig! Ich lasse bloss alle Nase lang etwas auf den Boden fallen um zu testen ob die Schwerkraft noch funktioniert...."

***

Warum ging das Huhn über die Straße? Die eigentliche

Frage ist doch eher wieso sich die Straße gleichförmig unter dem stationären Huhn bewegt hat!

***

Ein Ingenieur, ein Mathematiker, ein theoretischer Physiker und ein Experimentalphysiker wachen nachts auf und merken, dass ihre jeweiligen Häuser brennen. Was tun sie? Der Ingenieur rennt zum Feuerlöscher, löscht damit fachmännisch den Brand und legt sich wieder schlafen. Der Mathematiker sieht den Feuerlöscher, denkt: „Das Problem ist lösbar!", und legt sich wieder schlafen. Der theoretische Physiker setzt sich an den Schreibtisch, rechnet, nimmt dann ein Glas mit der perfekten Menge Wasser und schüttet es so auf das Feuer, dass es gerade erlischt. Der Experimentalphysiker verbrennt auf der Suche nach einem Thermometer...

***

Sitzen zwei Elektronen in der Bar auf einer Bank, da kommt ein drittes vorbeigeschlendert und fragt: „Hey, darf ich mich zu euch setzen?"

Darauf erwidern die beiden anderen komplett entrüstet: „Du hältst uns wohl für Bosonen?!"

***

Ein Physikstudent sitzt in der Physikprüfung:

Professor: „Sagen Sie mir doch... Kann eine Eisenkugel auf Quecksilber schwimmen?"

Der Student hat gut gelernt, kennt die Dichtewerte von Eisen und Quecksilber auswendig, rechnet kurz im Kopf und antwortet sogleich freudestrahlend: „Ja, Herr Professor! Auf Quecksilber können sogar fast zwei Eisenkugeln schwimmen!"

***

Ein Physiker und ein Mathematiker besaufen sich.

Auf dem Nachhauseweg gehen sie ziemlich angesäuselt an einer Straßenlaterne vorbei, und wollen unbedingt wissen, wie hoch diese ist.

Der Mathematiker misst am Boden eine Distanz von 10

Meter aus, bestimmt den Winkel zur Spitze und berechnet daraus die ungefähre Höhe.

Der Physiker stellt sich direkt neben die Laterne, wirft einen Stein senkrecht nach oben bis zur Laternenspitze, misst mit seiner Uhr wie lange er braucht um wieder herunterzufallen, und berechnet daraus ebenfalls eine ungefähre Höhe.

Aber natürlich wissen sie nicht wer von beiden nun näher dran liegt und es entbrennt ein Streit…

Nach einiger Zeit kommt ein Ingenieur vorbei und fragt: „Hey! Was macht ihr denn da?" Sie erklären ihm ihr Problem, worauf der Ingenieur erwidert „Überhaupt kein Problem!", seine Eisensäge rausholt und den Laternenmast kurzerhand am Fundament absägt. Dann legt er den Laternenmast vorsichtig längs auf den Boden, ruft den beiden zu „So bitte, jetzt könnt ihr es einfach ausmessen!" und geht fröhlich wieder seiner Dinge.

Aber der Mathematiker und der Physiker blicken ihm nur kopfschüttelnd hinterher, und sagen „Na so ein Trottel… wir wollten doch wissen wie HOCH die Laterne ist, und nicht wie LANG!"

***

Frage in der mündlichen Prüfung: Was ist 2 mal 2?

Angehender Ingenieur: In zweiter Näherung ungefähr 3,998435!

Angehender Mathematiker: Eindeutig bestimmt!

Angehender Physiker: Größenordnungsmäßig 1!

***

Bewaffneter Raubüberfall im Physikstudentenwohnheim:
- „Hände hoch! Ich suche Geld!"
- „Moment! Wir suchen mit!"

***

Mein Physiklehrer hat mir gesagt ich hätte sehr viel Potential... dann schubste er mich vom Dach!

***

Was ist der Schmetterlingseffekt?

Wenn in Deutschland die Kernkraftwerke abgeschaltet werden, weil in Japan ein Tsunami war!

***

Ein Physik-Student im ersten Semester sitzt in der Mathe-Prüfung und ist unglaublich nervös.

Professor: „Malen Sie doch mal eine Skizze vom Sinus!"

(der Prüfling malt)

Professor: „Na das sieht doch schon ganz gut aus!"

Prüfling: „Das.. das sollte eigentlich die x-Achse sein, aber ich bin so aufgeregt!"

***

Physiker #1: „Dann hat mich die Polizeistreife angehalten und gefragt, ob ich denn die rote Ampel nicht bemerkt hatte, über die ich gerade gefahren bin. Also habe ich geantwortet, dass ich das Rot gar nicht erkennen konnte, weil ich mich ja darauf zubewegt habe und es daher blauverschoben war."

Physiker #2: „Und das hat geklappt? Sie haben dich straffrei gehen lassen?"

Physiker #1: „Naja nicht ganz.. Sie haben mir stattdessen eine dicke Strafe wegen Geschwindigkeitsübertretung aufgebrummt…"

***

Zwei Uranatome fragen ihren Kumpel das Neutron, ob es noch auf eine zweite Runde für ein paar Bier mitkommt, doch dieses hat keine Zeit mehr und winkt ab. Da rufen die beiden: "Spalter!"

***

Einen Kollegen bei der Arbeit nennen wir immer „das subatomare Quantenpartikel"

Er verhält sich sehr unterschiedlich, je nachdem ob der

Chef ihn beobachtet oder nicht…

***

Auf der Heizung im Prüfungsraum liegt ein Ziegelstein.

Der Professor fragt den Prüfling: „Warum ist dieser Stein der dort auf der der Heizung liegt auf der abgewandten Seite wärmer?"

Der Prüfling hat keine Ahnung, stammelt rum und versucht die wildesten Theorien von Wärmeleitung bis Quantentunneleffekten zu benutzen um irgendwie eine Antwort zu finden, doch muss letzten Endes aufgeben.

Professor: „Na, weil ich ihn gerade umgedreht habe!"

***

Der Dekan kommt an die Fakultät für Physik: „Warum braucht Ihr immer so viel Geld für Labore und teure Ausstattung wie Laser und so was? Warum könnt Ihr nicht einfach wie die Mathematiker sein? Die brauchen nur Geld für Stifte, Papier und Papierkörbe! Oder besser noch wie die Philosophie-Fakultät. Die brauchen nur Geld für Stifte und Papier!"

***

Ein Physikprofessor erklärte seiner Klasse gerade ein besonders komplexes Konzept, als ein entgeisterter Student ihn unterbricht:

„Wozu lernen wir eigentlich den Kram?", ruft der Student.

„Um Leben zu retten!" entgegnet der Professor und macht weiter.

Ein paar Minuten später meldet sich der Student wieder:

„Wie rettet die Physik denn Leben?"

Der Professor starrt den Studenten einen Moment lang an und antwortet dann:

„Physik rettet Leben," sagt er, „indem sie Idioten wie Sie aus der Medizin heraus hält!"

***

Induktion eines Experimentalphysikers für den Beweis, dass 60 durch alle Zahlen teilbar ist:

Man nehme Stichproben: 60/1, 60/2, 60/3, 60/4, 60/5, 60/6 ... funktioniert!

Man vergrößere die Abstände: 60/10, 60/12, 60/15 ... stimmt immer noch!

Ein letzter Versuch noch um sicher zu sein: 60/30 ... klappt!

Beweis somit erfolgreich gelungen - wie die Versuchsreihe zeigt.

***

Der Professor fragt den Studenten: „Fährt eine Straßenbahn eigentlich mit Gleich- oder mit Wechselstrom?"
Student: „Mit Wechselstrom!"
Professor: „Müsste sie dann nicht immer hin und herfahren?"
Student: „Aber das tut sie doch!"

***

Eine einfache Erklärung der Relativitätstheorie: Ich stoße jemanden mit aller Gewalt einen Finger in die Nase. Dann hat er einen Finger in der Nase und ich habe einen Finger in der Nase, aber ich stehe trotzdem relativ besser da...

***

Frage: Wer ist der natürliche Feind eines Experimentalphysikers?

Antwort: Germanisten!

Frage: Und warum?

Antwort: Das Ziel der Arbeit eines Experimentalphysikers besteht darin, abstrakte, theoretische, und praktisch schwer verständliche Zusammenhänge in allgemeinverständliche Formen zu überführen, und somit wissenschaftliche Erkenntnisse einem wirtschaftlichen Nutzen zuzuführen.

Das Ziel der Arbeit eines Germanisten besteht darin, unter Missachtung jeglichen praktischen Nutzens und wissenschaftlicher Erkenntnisse, sowie unter Ausnutzung der wirtschaftlichen Leistungsfähigkeit der Allgemeinheit, triviale und offensichtliche Zusammenhänge in abstrakte, theoretische Formen mit einer nur für Experten verständlichen Sprache zu verklausulieren.

***

Wächst der Mensch am oberen oder am unteren Ende?
Physiker #1: Am oberen. Schau dir einfach mal ein paar Menschen an, die nebeneinander stehen: Unten sind sie alle gleich lang, aber oben sind sie verschieden!
Physiker #2: Nein, am unteren. Schau dir mal meinen Sohn an: Dem sind dauernd die Hosen zu kurz!

***

Was ist der einfachste Weg den Dopplereffekt zu beobachten?
Geh raus und schau dir die Autos an! Die Lichter von denen die auf dich zukommen sind weiß, aber die von denen die sich von dir wegbewegen sind rot...

***

Eine männliche Magnetscheibe trifft eine weibliche Magnetscheibe in der Disco. Sagt die männliche: „Also von hinten fand ich dich abstoßend, aber jetzt wo du dich umgedreht hast und ich dich so ansehe bist du doch sehr attraktiv..."

***

Frage: Wie viele theoretische Physiker mit Abschluß in allgemeiner Relativitätstheorie braucht man um eine Glühbirne zu wechseln?
Antwort: Zwei. Einen um die Glühbirne zu halten und einen um das Universum zu drehen!

***

Drei Mathematiker und drei Physiker fahren zusammen mit der Bahn zu einem Kongress. Auf der Hinfahrt unterhalten sie sich über die Systematik des Fahrkartenverkaufs, wobei die Mathematiker erwähnen, dass sie nur eine Fahrkarte für drei Personen brauchen. Als sich nach einiger Zeit der Schaffner nähert, gehen die drei Mathematiker zusammen auf die gleiche Toilette. Kurz darauf klopft der Schaffner an die Tür und verlangt die Fahrkarte, die Mathematiker schieben ihre unter der Tür durch, und alles ist okay. Auf der Rückfahrt haben die Physiker dazugelernt und ebenfalls nur eine Fahrkarte gekauft. Die Mathematiker haben dagegen gar keine Fahrkarte! Wiederum nähert sich bald der Schaffner, und die Physiker begeben sich zusammen auf eine Toilette. Die Mathematiker gehen kurz darauf ebenfalls in einen Toilettenstall, aber bevor der letzte Mathematiker hineingeht und die Türe schließt, klopft er noch kurz bei den Physikern und ruft mit verstellter Stimme „Die Fahrkarte bitte!"

Was lernen wir daraus? Physiker wenden mathematische Verfahren an, ohne sie wirklich zu verstehen!

***

Der Professor stellt eine Prüfungsaufgabe: „Ein Dackel verfolgt einen Briefträger. Der Briefträger läuft mit 12 km/h und der Dackel mit 16 km/h, die Entfernung beträgt 50m. Wann überholt der Dackel den Briefträger? Lösen sie das Problem zeichnerisch."

Student: „Ich kann aber keinen Dackel zeichnen..."

***

Ein Experimentalphysiker kommt aufgeregt in das Büro eines theoretischen Physikers und zeigt ihm einen Graphen mit seinen neuesten Messergebnissen.

„Hmmm..." sagt der Theoretiker, „das ist genau die Stelle, wo ein Peak zu erwarten war. Und hier ist die Erklärung ..." (Es folgt eine lange logische Ausführung)

Mittendrin unterbricht ihn der Experimentalphysiker: „Moment einmal!" Er betrachtet den Plot einen Augenblick und sagt: „Hoppla, der steht ja kopfüber."

Nach einer entsprechenden Korrektur setzt der Theoretiker erneut an: „Hmmm... das ist genau die Stelle, wo ein Dip zu erwarten war. Und hier ist die Erklärung..."

***

Ein Physikstudent ist mitten in der mündlichen Abschlussprüfung mit mehreren Professoren und leitet eine seiner Formeln aus der Diplomarbeit ab. Er rechnet und rechnet und erreicht am Ende das Ergebnis: $F = -m \cdot a$

„Oh" stammelt er und hüstelt „Ich.. ich muss da wohl einen kleinen Fehler gemacht haben…"

„Zumindest.." unterbricht ihn der anwesende Mathematikprofessor „…können wir aussagen, das sie eine UNGERADE Anzahl an Fehlern gemacht haben…"

***

Ein Physiker untersucht die Fallgeschwindigkeit eines Thermometers. Er lässt ein Thermometer und ein Wachslicht gleichzeitig fallen und bemerkt, dass beide gleichzeitig unten ankommen.

Schlussfolgerung: Das Thermometer fällt mit Lichtgeschwindigkeit!

Kapitel 2: Ultrakurze Pikowitzstrahlen

Was ist das kleinste Frühstück? Quark!

***

Wenn du eine Zeitmaschine baust, arbeite ruhig langsam. Wozu die Eile?

***

War Einsteins Theorie gut? Relativ.

***

Was ist ein Lichtjahr?
Die Stromrechnung für zwölf Monate.

***

Sagt ein Magnet zum anderen: Ich weiß nicht was ich anziehen soll.

***

Der kürzeste Physiker-Witz: Pi-Quer

***

Zeitreisen werden verwirrend gewesen geworden sein

***

Was haben Magnetfelder und Kleinkinder gemeinsam? Beide lenken ab und verrichten dabei keine Arbeit!

***

Ruft ein Physikstudent mit leichtem Dialekt: „WATT ist die Einheit der Leistung?"

***

Warum müssen Physiker am morgen immer ihre Fenster abwischen?
Bose-Einstein-Kondensat...

***

Schrödinger wurde wegen Tierquälerei verhaftet. Der Ausgang des Urteils ist unsicher...

***

Was macht ein Physiker im Swingerclub?

- Er rechnet mit zwei Unbekannten.

***

Ein Elektron steht vor Gericht: OK, ihren Impuls kennen wir jetzt, aber wo genau waren Sie zur Tatzeit?

***

Das Atü wurde ja abgeschafft, man soll nur noch das Bar verwenden. Seitdem macht die Feuerwehr am Physik-Campus immer "Tbartata Tbartata..."

***

Der Barkeeper sagt: „Tut mir leid, wir bedienen keine Neutrinos, die schneller sind als das Licht."
Ein Neutrino kommt in eine Bar.

- „Ein Neutrino!"

(klopf, klopf)

- „Wer ist da?"

***

Um auf die andere Seite zu kommen. Warum überqueren Neutrinos die Straße?

***

Jetzt aber auch genug mit den Neutrinowitzen - die habe ich alle nächste Woche schon gehört!

***

Woraus besteht eine Leiter? Aus zwei Halbleitern

***

Wie nennt man einen Selen-Gleichrichter, der überlastet wird?
Einen Gleich-Riecht-Er...

***

Warum ist das Physik-Übungsbuch immer unglücklich?
Weil es so viele Probleme hat!

***

Was sagte der Yoga-Mönch als ihm der Physiker ein angeschlossenes Stromkabel in jede Hand gab?
Ohmmmmm....

***

Wie spaltet man ein Atom? Man gibt es seinem Kleinkind und sagt, es soll es nicht kaputt machen!

***

Begegnen sich zwei Quanten. „Treffen wir uns morgen?" „Wahrscheinlich."

***

Geht ein Neutron in die Disko.

Sagt der Türsteher: „Tut mir leid, heute nur für nur geladene Gäste!"

***

Was ist ein Polarbär?

Ein rechteckiger Bär nach Koordinatentransformation!

***

Treffen sich zwei Wasserstoffatome, sagt das eine: „Ich hab mein Elektron verloren.."
Darauf das andere: „Sieh's positiv!"

***

Ein theoretischer Physiker sitzt im Zug nach Basel und fragt den Schaffner: „Entschuldigung, hält an diesem Zug auch Genf?"

***

Was ist paradox an der Analysis?
Man faltet, um zu glätten…

***

Entweder man betreibt Mathematik, dann muss man die Wirklichkeit vergessen... oder man betreibt Physik, dann muss man die Mathematik vergessen!

***

Wie viele hübsche Physikstudentinnen braucht man, um eine Glühbirne auszuwechseln?
Alle beide!

***

Wie viele Physiker braucht man, um eine Glühbirne zu wechseln?
Einen, aber 400 bewerben sich!

***

Was mögen Physiker bei Fußballspielen am liebsten? - Die „Welle".

***

Zwei Fermionen kommen in eine Bar. Das erste bestellt einen Drink. Sagt das zweite „Ich bekomm' das selbe was er hat!"

***

Entrophie ist auch nicht mehr das was es mal war..

***

Forscher in Alaska veröffentlichten vor Kurzem ihre Entdeckung eines Supraleiters bei Raumtemperatur.

***

Wissenschaftler konnten die Geschwindigkeit von Licht auf 50 km/h abbremsen. Sie leiteten den Lichtstrahl einfach durch ein Postamt!

***

Wie viele Quantenmechaniker braucht man, um eine Glühbirne zu wechseln?
Man braucht einen, um die Glühbirne wahrscheinlich zu wechseln

***

Sagt das eine Photon zum anderen: „Ich hab jetzt wirklich genug von deiner ständigen Interferenz!"

***

Welche Abhandlung liest Einstein während er auf der Toilette sitzt? Etwas über Brownsche Bewegung....

***

Ich kann durch die Zeit reisen!!!

… mit einer Geschwindigkeit von einer Sekunde pro Sekunde

Kapitel 3: Extralange Petawitzstrahlen

Mündliche Prüfung in der Universität, Fachbereich Physik. Der erste Prüfling wird hereingerufen.

Der Professor sieht ihn streng an und stellt die folgende Frage: „Sie sind in einem Zug, der mit 100 km/h fährt. Plötzlich wird Ihnen sehr warm. Was machen Sie?"

„Naja," sagt der Student, „ich mache wahrscheinlich das Fenster auf."

„Gut, nun berechnen Sie den neuen Luftwiderstand, der durch das Öffnen des Fensters zustande kommt. Welcher Reibungsunterschied zwischen Fahrgestell und Gleisen stellt sich fest? Wird durch das Öffnen der Zug langsamer und wenn ja, um wie viel?"

Der Student ist erwartungsgemäß überfordert, kann die Fragen nicht beantworten und verlässt entmutigt den Prüfungsraum.

So ging es auch mit den restlichen vierzehn weiteren Stundenten bis schließlich der letzte reinkommt. Er bekommt wie alle die gleiche erste Frage: „Ich ziehe meine Jacke aus.", antwortete der Student.

„Es ist aber wirklich sehr warm." sagt der Professor.

„Dann ziehe ich eben auch meinen Pullover aus."

„Es ist aber so heiß im Abteil, wie in einer Sauna."

„Dann ziehe ich mich ganz aus, und setze mich nackig in den Zug, Herr Professor."

„Sind sie sicher, dass sie nicht etwas anderes tun wollen? Im Abteil mit Ihnen sind zwei bärig aussehende notgeile Kerle in Lack und Leder, die Sie unbedingt vernaschen wollen!"

Ganz ruhig antwortet der Student: „Wissen Sie Herr Professor, Ich bin das zehnte Mal hier zur mündlichen Prüfung ... es kann der ganze Zug voll mit notgeilen Muskelpaketen sein... das verdammte Fenster bleibt zu!!"

***

Warum behaupten Experimentalphysiker, dass jede

ungerade Zahl eine Primzahl ist?

Sie testen durch:

1 - Primzahl.

3 - Primzahl.

5 - Primzahl.

7 - Primzahl.

9 - Messfehler.

11 - Primzahl.

13 - Primzahl.

15 - schon wieder ein Messfehler…

17 – Primzahl.

19 – Primzahl.

… dann brechen sie die Messreihe ab, weil jede weitere ungerade Zahl offensichtlich auch eine Primzahl sein muss!

***

Eine Molkerei möchte ihre Milchproduktion erhöhen. Sie setzt einen Biologen, einen BWLer und einen Physiker auf das Problem an.

Nach einem halben Jahr intensiven Forschens auf den Viehweiden schlägt der Biologe eine Spezialdüngung des Grases mit Vitaminen vor, was letztendlich die Milchausbeute um 35% steigern würde. Die Molkerei findet das schon interessant, beschließt aber, noch auf die Ergebnisse der anderen beiden zu warten.

Ein weiteres halbes Jahr später verkündet der BWLer stolz, dass aufgrund seiner ultraeffizienten neuen Betriebsorganisation sich zwar leider die Hälfte der Mitarbeiter einen neuen Job suchen müssten, die Milchproduktion dafür aber um ganze 50% gesteigert werden könne!

Das findet die Molkerei jetzt schon extrem interessant, will aber trotzdem auch noch auf die letzten Ergebnisse des Physikers warten.

Inzwischen sind 3 Jahre vergangen und das Problem ist beinahe in Vergessenheit geraten. Der Biologe wurde gefeuert, weil die Milch plötzlich orange wurde und der BWLer wurde von einem wütenden Mob des Molkerei-Personals gelyncht. Plötzlich taucht der Physiker voller Stolz und mit einem süffisanten Grinsen wieder auf und proklamiert: „Ich habe herausgefunden, wie man die Produktion mit sehr einfachen Mitteln mehr als verdreifachen kann!" Die Molkereileitung ist natürlich begeistert, kann das gar nicht fassen und brennt darauf so schnell wie möglich zu erfahren wie das denn zu schaffen sei! Also fängt der Physiker an: „Nun... als allererstes setzen wir mal voraus wir haben punktförmige Kühe im Vakuum..."

***

Ein BWLer, ein Ingenieur, ein Experimentalphysiker, ein Mathematiker und ein theoretischer Physiker sitzen in einem Zugabteil auf ihrer ersten Reise durch Schottland. Der BWLer schaut aus dem Fenster und sagt: „Sieh an, ein schwarzes Schaf!"

Daraufhin der Ingenieur: „Ich schlussfolgere daraus: In Schottland sind wohl alle Schafe schwarz." Da erwidert der Experimentalphysiker: „Naja, man kann eigentlich nur sagen: In England gibt es mindestens ein schwarzes Schaf!"

Daraufhin der Mathematiker: „Lieber Kollege, daraus kann man nur schlussfolgern in Schottland gibt es mindestens ein Schaf, das auf mindestens einer Seite schwarz ist."

Daraufhin der theoretische Physiker: „In Schottland gibt es mindestens ein Schaf, das uns hier im Zug bei der momentanen Geschwindigkeit, aus dieser Entfernung und unter den vorliegenden optischen Bedingungen schwarz erscheint!"

Dem BWLer wird es zu bunt, also zieht er die Notbremse, bringt den Zug zum Stehen und die Fünf steigen aus, um herauszufinden was wirklich der Stand der Dinge ist.

Als sie das Tier schließlich erreichen, stellen sie erstaunt fest, dass es tatsächlich auf der einen Seite weiß ist und auf der anderen Seite schwarz mit kleinen, aus der Ferne nicht erkennbaren weißen Flecken!

Daraufhin tritt der Bauer an die Gruppe heran um herauszufinden wieso sie alle auf sein Feld laufen. Der BWLer spricht ihn an: „Wirklich komische Schafe haben Sie hier!"

Daraufhin der Bauer: „Das ist kein Schaf, das ist eine Ziege!..."

***

Die Ingenieure sind gerade alle auf Urlaub, also soll ein Physiker erklären, warum es in der Eisenbahn so rumpelt.

Er sieht sich die Lok an. Daher kommt es nicht, also kann man die Lok vernachlässigen.

In jedem einzelnen Waggon rumpelt es gleich (bis auf eine Zeitverschiebung der Größenordnung dt), das Problem kann also auf einen einzelnen Waggon reduziert werden.

Der Waggon besteht aus Ober- und Unterbau, und das Rumpeln kommt hörbar von unten. Also kann auch der Oberbau vernachlässigt werden.

Der Unterbau besteht aus Achsen und Rädern. Man kann in erster Näherung annehmen, dass die Achsen gut genug geschmiert sind und damit für das Problem nicht relevant sind.

Die Räder können mit guter mathematischer Genauigkeit als Kreise beschrieben werden. Der Kreisflächeninhalt ist $Pi \cdot r^2$.

Pi ist eine Konstante, die rumpelt nicht. Da man in erster Näherung Faktoren wie die thermische Ausdehnung der Räder etc. vernachlässigen kann, ist r ebenfalls konstant. Was bleibt also übrig?

Das Quadrat! Und dass ein Quadrat beim Rollen rumpelt, ist doch klar!

***

Ein Professor für theoretische Physik und ein Professor für Experimentalphysik befinden sich auf einem Kongress in einer Bananenrepublik. Genau zu diesem Zeitpunkt bricht unglücklicherweise eine Revolution aus und das neue Regime lässt beide verhaften und zum Tode verurteilen. Allerdings gewährt man beiden einen letzten Wunsch.

Darauf sagt der Theoretiker: „Wissen Sie, ich habe mein ganzen Leben der Theorie geopfert, den fundamentalen Stringberechnungen, den multivariaten Varianzanalysen, den aufgerollten n-dimensionalen Räumen…. Nur wurde es mir nie gedankt! Auf Kongressen schliefen meine Zuhörer ein und meine Vorlesungen waren immer leer. Darum wünsche ich mir, dass ich einmal in meinem Leben einen Bericht über meine Forschung vor einem rappelvollen Hörsaal halten darf!"

Der Richter gewährt ihm den Wunsch und wendet sich an den Praktiker. Der entgegnet: „Ich möchte bitte vor diesem Vortrag hingerichtet werden!"

***

Eine Gruppe Physiker macht Safari in Afrika und diskutiert, wie man am besten einen Löwen fangen könnte. Da sie keine Ahnung über die Löwenjagd haben benutzen sie das Wissen aus ihren jeweiligen Fachgebieten und kommen auf folgende Lösungen:

1. Die Newtonsche Methode

Käfig und Löwe ziehen sich durch die Gravitionskraft an. Wir vernachlässigen die Reibung. Auf diese Weise muß der Löwe früher oder später im Käfig landen.

2. Die Heisenberg-Methode

Ort und Geschwindigkeit eines bewegten Löwen lassen sich nicht gleichzeitig bestimmen. Da bewegte Löwen also keinen physikalisch sinnvollen Ort in der Wüste einnehmen, kommen sie für die Jagd auch nicht in Frage. Die Löwenjagd kann sich daher nur auf ruhende Löwen beschränken. Das triviale Einfangen eines ruhenden, bewegungslosen Löwen wird dem interessierten Studenten als Übungsaufgabe überlassen.

3. Die Einsteinsche oder relativistische Methode

Man überfliege die Wüste nahezu mit Lichtgeschwindigkeit. Durch die relativistische Längenkontraktion wird der Löwe flach wie Papier. Man greife ihn, rolle ihn auf und mache ein Gummiband drumherum.

***

Ein Mathematiker und ein Experimentalphysiker nehmen an einem psychologischen Experiment teil. Zuerst wird der Mathematiker auf einen Stuhl in einem großen, leeren Raum gesetzt. Man stellt ein Bett mit einer wunderschönen, nackten Frau in die gegenüberliegende Ecke, und der Psychologe erklärt dem Mathematiker. „Sie dürfen sich nicht von diesem Stuhl zu erheben. Aber alle fünf Minuten werde ich wieder kommen und die Entfernung zwischen diesem Bett und dem Stuhl halbieren." Der Mathematiker starrt den Psychologen mit entsetztem Gesicht an. „Es ist ja wohl klar, dass ich das Bett niemals erreichen werde. Diese Folter werde ich mir sicher nicht antun!" Er steht auf und sucht das Weite. Nachdem der Psychologe ein paar Notizen in seine Akten gemacht hat, holt er den Physiker und erklärt diesem die Situation auf gleiche Weise. Sofort strahlt dieser über das ganze Gesicht und setzt sich freudig auf den Stuhl. Verwundert fragt ihn der Psychologe „Ist Ihnen nicht klar, dass Sie das Bett niemals erreichen werden?" Der Physiker lächelt und erwidert „Natürlich, aber ich werde nahe genug für alle praktischen Dinge kommen!"

***

Mündliche Physik-Prüfung. Der erste Student kommt rein und wird vom Prüfer gefragt: „Was ist schneller, das Licht oder der Schall?"

Antwort: „Der Schall natürlich!"

Prüfer: „Sehr gut! Können Sie das begründen?"

Antwort: „Wenn ich meinen Fernseher einschalte, kommt zu erst der Ton und dann das Bild."

Prüfer: „Sie sind durchgefallen. Der nächste bitte."

Der nächste Student kommt rein und bekommt die gleiche Frage gestellt.

Antwort: „Das Licht natürlich!"

Prüfer: „Sehr gut! Können Sie das auch begründen?"

Antwort: „Wenn ich mein Radio einschalte, dann leuchtet erst das Lämpchen und dann kommt der Ton."

Prüfer (inzwischen ziemlich fertig): „Raus hier! Sie sind auch durchgefallen! Rufen Sie den letzten Studenten rein!"

Um sicher zu sein diesmal eine richtige Antwort zu kriegen formuliert er die Frage etwas ausführlicher: „Stellen Sie sich vor Sie und ich wären jeweils auf einer Bergspitze und würden uns mit einem Abstand von über einem Kilometer anschauen. Und dann betätige ich gleichzeitig eine Autohupe und eine Taschenlampe... Was würden sie zuerst wahrnehmen, das Licht oder den Schall?"

Student: „Das Licht natürlich."

Prüfer (schöpft wieder eine leichte Hoffnung): „Und... können Sie das auch begründen?"

Student: „Na klar! Die Augen sind doch weiter vorne als die Ohren."

***

Mal wieder ist ein Student in der Physikprüfung:

„Beschreiben Sie, wie man die Höhe eines Wolkenkratzers mit einem Barometer feststellt." lautet die Aufgabe.

Er antwortet: „Sie binden ein langes Stück Schnur an den Ansatz des Barometers, und senken dann das Barometer vom Dach des Wolkenkratzers zum Boden. Die Länge der Schnur plus die Länge des Barometers entspricht der Höhe des Gebäudes."

Diese in hohem Grade originelle Antwort entrüstete den Prüfer dermaßen, dass der Prüfling sofort entlassen wird. Dieser appellierte jedoch an seine Grundrechte, mit der Begründung dass seine Antwort unbestreitbar korrekt war, und die Universität ernannte einen unabhängigen

Schiedsrichter, um den Fall zu entscheiden.

Der Schiedsrichter urteilte, dass die Antwort in der Tat korrekt war, aber kein wahrnehmbares Wissen von Physik zeige.

Um das Problem zu lösen, wurde entschieden den prüfling nochmals herein zu bitten und ihm sechs Minuten zuzugestehen, in denen er eine mündliche Antwort geben konnte, die mindestens eine minimale Vertrautheit mit den Grundprinzipien der Physik zeigte.

Für fünf Minuten saß der Prüfling still, den Kopf nach vorne gebeugt, in Gedanken versunken. Der Schiedsrichter erinnerte ihn, dass die Zeit lief, worauf der Prüfling antwortete, dass er einige extrem relevante Antworten hätte, aber sich nicht entscheiden könnte, welche er verwenden sollte.

Als ihm geraten wurde, sich zu beeilen, antwortete er wie folgt:

"Erstens könnten Sie das Barometer bis zum Dach des Wolkenkratzers nehmen, es über den Rand fallen lassen und die Zeit messen die es braucht, um den Boden zu erreichen. Die Höhe des Gebäudes kann mit der Formel H=0.5gt im Quadrat berechnet werden. Der Barometer wäre allerdings kaputt!

Oder, falls die Sonne scheint, könnten Sie die Höhe des Barometers messen, es hochstellen und dann die Länge seines Schattens messen. Dann messen Sie die Länge des

Schattens des Wolkenkratzers, anschließend ist es eine einfache Sache, anhand der proportionalen Arithmetik die Höhe des Wolkenkratzers zu berechnen.

Wenn Sie stattdessen in einem hohen Grade wissenschaftlich sein wollten, könnten Sie ein kurzes Stück Schnur an das Barometer binden und es schwingen lassen wie ein Pendel, zuerst auf dem Boden und dann auf dem Dach des Wolkenkratzers. Die Höhe entspricht der Abweichung der gravitationalen Wiederherstellungskraft $T=2Pi\cdot Wurzel\ (l/g)$.

Oder, wenn der Wolkenkratzer eine äußere Nottreppe besitzt, wäre es am einfachsten dort hinauf zu steigen, die Höhe des Wolkenkratzers in Barometerlängen abzuhaken und oben zusammenzählen.

Wenn Sie aber bloß eine langweilige und orthodoxe Lösung wünschen, dann können Sie selbstverständlich das Barometer benutzen, um den Luftdruck auf dem Dach des Wolkenkratzers und auf dem Grund zu messen und Druckunterschied benutzen um die Höhe des Gebäudes zu berechnen.

Aber, da wir ständig aufgefordert werden die Unabhängigkeit des Verstandes zu üben und wissenschaftliche Methoden anzuwenden, würde es ohne Zweifel viel einfacher sein, an der Tür des Hausmeisters zu klopfen und ihm zu sagen: „Wenn Sie ein schönes neues Barometer möchten, dann gebe ich Ihnen dieses hier, vorausgesetzt Sie sagen mir die Höhe dieses Wolkenkratzers."

Kapitel 4: Bonuskapitel - Wortwitze, die nur auf Englisch funktionieren

Ein kleines Bonuskapitel mit Witzen, die einfach nicht ins Deutsche übersetzt werden können... Wer mehr wissenschaftliche Witze auf Deutsch haben will kann hier aufhören und sich stattdessen gerne nach den entsprechenden Partnerbüchern „Witzebuch der Chemie", „Witzebuch der Mathematik" und „Witzebuch der Astronomie" (von Deayoh Issolstich) umschauen. Die direkten Links zu den entsprechenden Amazonseiten sind z.B. auf unserer Webpage www.buchensteiner.de zu finden.

***

The theory of relativity: time moves more slowly when you are with your relatives

***

I like three types of radiation. I think alpha and gamma radiation are really good, but I actually prefer the other type, I think it's beta.

***

A Higgs Boson enters a church.
Priest: "We don't allow Higgs Bosons here!"
Higgs Boson: "But without me how can you have mass?

***

Archimedes: "An object fully or partly immersed in a liquid is buoyed upward by a force equal to the weight of the liquid displaced by that object"

Whatever floats your boat, mate!

***

Me and you, sweetheart, we're like an excited nucleus of U-236… we have to split up!

***

Gravity.

Bringing weight to the masses

***

A light year
Just like a regular year, but with fewer calories

***

Why do all the other subatomic particles have a love/hate relationship with
the quarks? Because they are both strange and charming at

the same time!

***

My buddy was doing some science homework earlier.
I said "Remember, the 'f' in physics stands for fun!"
He said "But... there is no "f" in physics...?"
I said, "precisely!"

***

Does a radioactive cat have 18 half-lives?

***

A neutron walks into a bar. He asks the bartender, "How much for a beer?" The bartender looks at him, and says "For you, no charge."

***

Und hier noch als Abschluss ein schönes Gedicht in Formel-Form, gefolgt von der korrekten Leseweise im Englischen:

$$((12 + 144 + 20 + (3 \cdot \sqrt{(4)}) \div 7) + (5 \cdot 11) = 9^2 + 0$$

A Dozen, a Gross and a Score,

plus three times the square root of four,

divided by seven,

plus five times eleven,

equals nine squared and not a bit more.

Weitere Buchensteiner Bücher

Eine aktuelle Auflistung aller unserer Bücher mit direkten Links zu den entsprechenden Titeln in Amazon finden Sie immer unter www.buchensteiner.de

Falls Sie z.B. ein Naturwissenschaftler mit Humor sind oder einen naturwissenschaftlich begabten Bekannten überraschen wollen, versuchen Sie es doch mal mit folgenden Titeln:

- Witzebuch der Chemie (Deayoh Issolstich)
- Witzebuch der Mathematik (Deayoh Issolstich)
- Witzebuch der Astronomie (Deayoh Issolstich)

Für alle die einen längeren Aufenthalt in Japan planen oder sich einfach für das Land an sich interessieren, bietet das folgende Buch einen humorvollen Einblick in die japanische Witz-Kultur:

- Dajare : Japanische Wortspiele oder das Geheimnis des Japanischen Lächelns (Kathrin Yamamoto)

Unser Sortiment an außergewöhnlichen Büchern entwickelt sich stetig weiter, also besuchen Sie uns doch einfach mal unter www.buchensteiner.de wenn Sie Zeit haben und sich von etwas Neuem überraschen lassen wollen!

Impressum

Witzebuch der Physik - Eine Explosion an Lachern für Schüler, Studenten, Physiker und andere Wissenschaftler und alle Menschen die Spaß und Witze lieben

© München, Februar 2015

Buchensteiner Bücher GbR
Wesendonkstr. 47, 81925 München
Email: buecher@buchensteiner.de
www.buchensteiner.de

Printed in Poland
by Amazon Fulfillment
Poland Sp. z o.o., Wrocław